So wird es gemacht:

Öffne das miniLÜK®-Kontrollgerät und lege die Plättchen in den unbedruckten Deckel!
Jetzt kannst du auf den Plättchen und im Geräteboden die Zahlen 1 bis 12 sehen.

Beispiel: Seite 2
Stellenwerttafel

Nimm das Plättchen 1 und sieh dir Aufgabe 1 an: Welche Zahl erhältst du, wenn die obere Zahl um 100 kleiner wird? Es ist die Zahl 256. Bei der Lösung steht unter der Zahl 256 die schwarze Feldzahl 5. Die 5 ist auch das Feld im Kontrollgerät, auf das du das Plättchen legst, also Plättchen 1 auf das Feld 5 im Geräteboden.

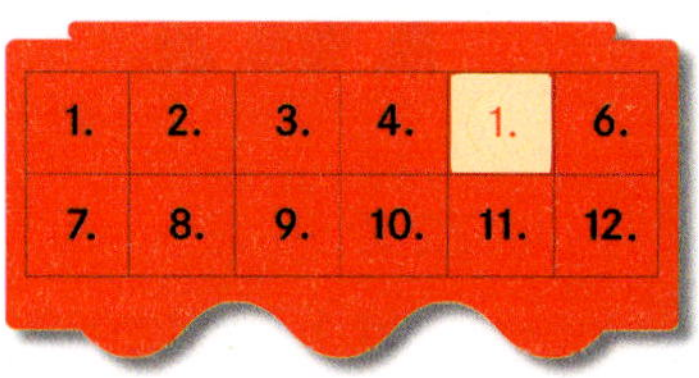

Die Zahl 1 muss nach oben zeigen. So arbeitest du weiter, bis alle Plättchen im Geräteboden liegen. Schließe dann das Gerät und drehe es um. Öffne es von der Rückseite.

Wenn du das bei der Übungsreihe abgebildete Lösungsmuster siehst, hast du alle Aufgaben richtig gelöst.

Passen einige Plättchen nicht in das Muster, dann hast du dort Fehler gemacht. Drehe diese Plättchen da, wo sie liegen, um, schließe das Gerät, drehe es um und öffne es wieder.
Jetzt kannst du sehen, welche Aufgaben du falsch gelöst hast. Nimm diese Plättchen heraus und suche die richtigen Ergebnisse.
Kontrolliere dann noch einmal.
Stimmt jetzt das Muster?

Das System ist für alle Übungen gleich: Die roten Aufgabennummern im Heft entsprechen immer den miniLÜK-Plättchen aus dem Kontrollgerät.
Die Feldzahlen bei den Lösungen sagen dir, auf welche Felder im Kontrollgerät die Plättchen gelegt werden.

Und nun viel Spaß!

Dieses Papier wurde aus chlorfrei gebleichtem Zellstoff hergestellt.

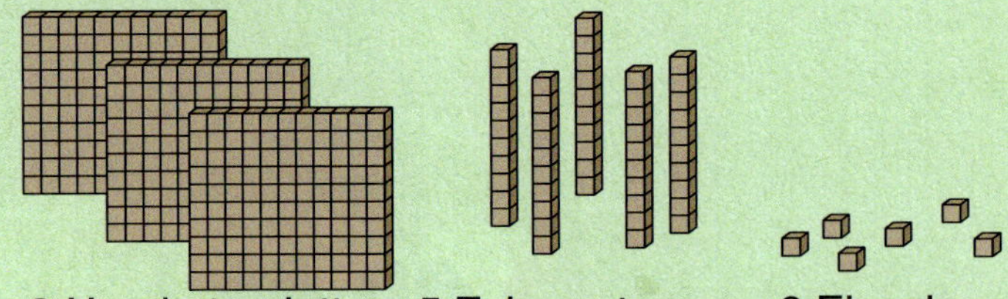

3 Hunderterplatten 5 Zehnerstangen 6 Einzelne

H	Z	E
3	5	6

Welche Zahl erhältst du, wenn die obere Zahl …

1	um 100 kleiner wird?
2	um 20 größer wird?
3	um 30 kleiner wird?
4	um 220 größer wird?
5	um 156 kleiner wird?
6	um 143 größer wird?
7	um 121 kleiner wird?
8	um 432 größer wird?
9	um 510 größer wird?
10	um 313 kleiner wird?
11	um 631 größer wird?
12	um 254 kleiner wird?

Lösung	43	102	200	235	256	326	376	499	576	788	866	987
Feld	11	10	8	12	5	2	3	4	6	9	1	7

Wie heißen die folgenden Zahlen?

1	9 Z 3 E
2	1 H 6 Z 0 E
3	3 H 4 Z 7 E
4	5 H 3 E
5	4 H 2 Z
6	36 Z 8 E
7	8 H 5 Z 5 E
8	2 H 6 Z 4 E
9	72 Z 1 E
10	1 H 87 E
11	2 H 1 Z 9 E
12	9 H 0 Z 2 E

Lösung	93	160	187	219	264	347	368	420	503	721	855	902
Feld	2	10	8	6	4	5	9	11	7	12	1	3

Auf welche Zahl zeigt der Pfeil?

1
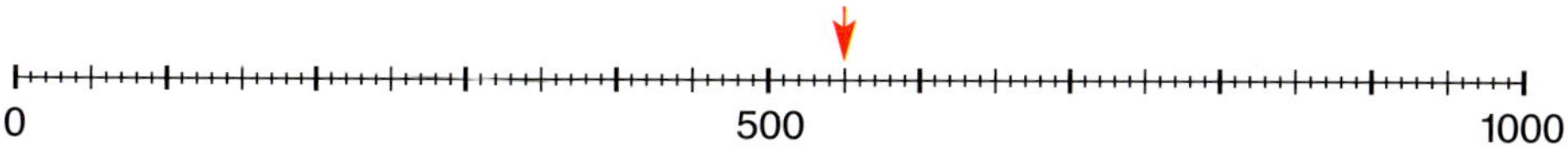

2
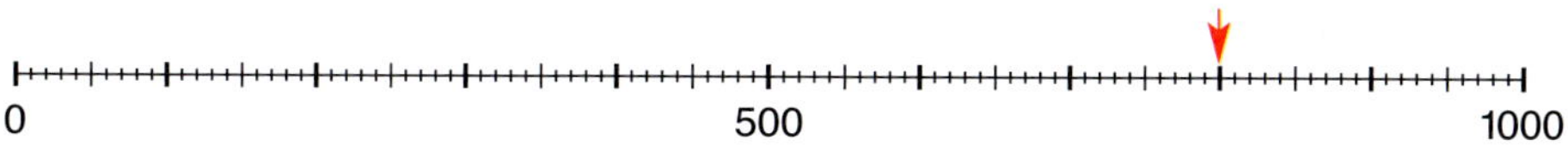

3
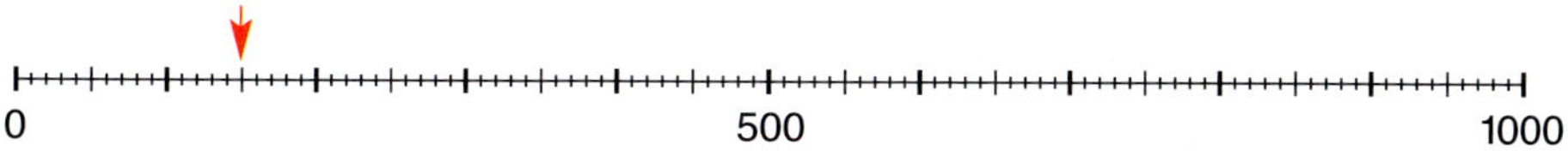

4
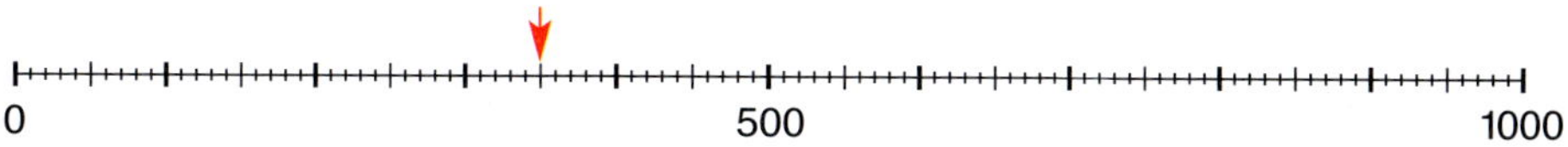

5
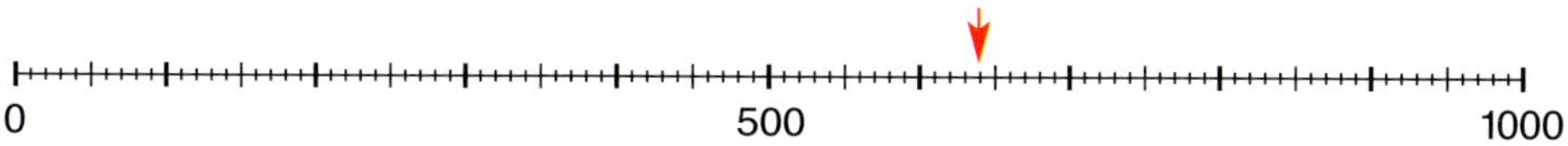

6
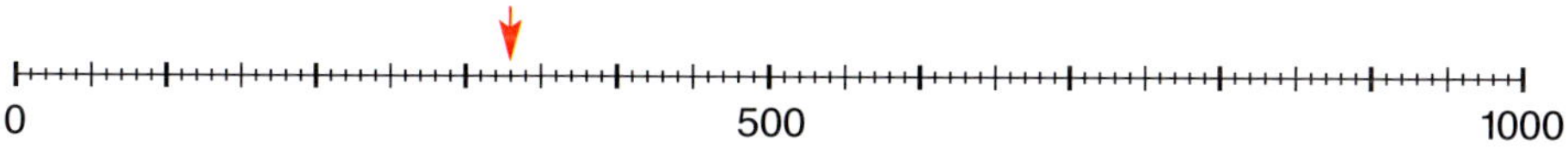

7
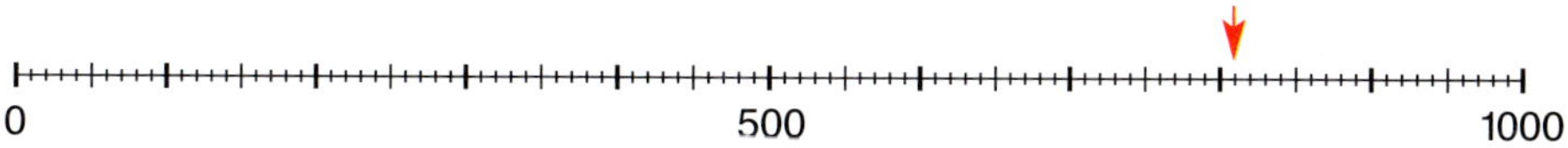

8
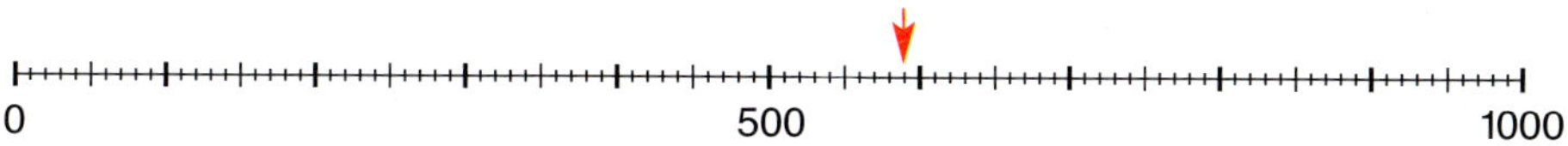

9
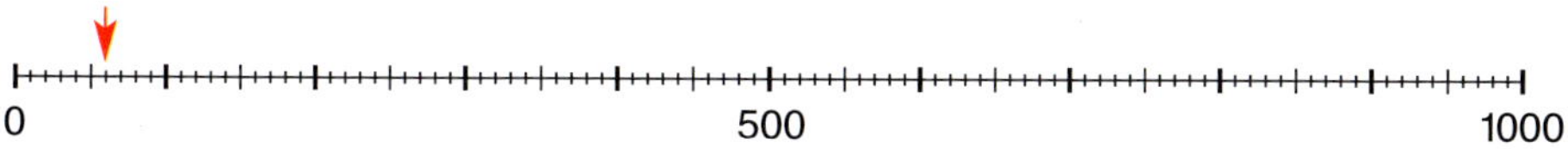

10
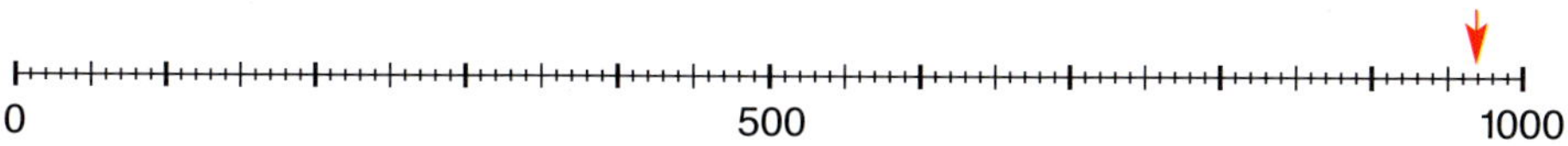

11
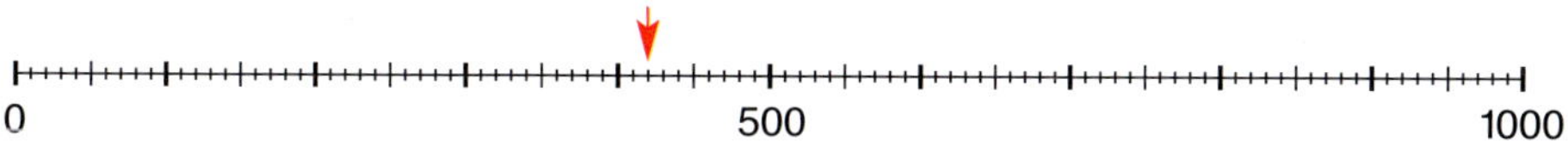

12
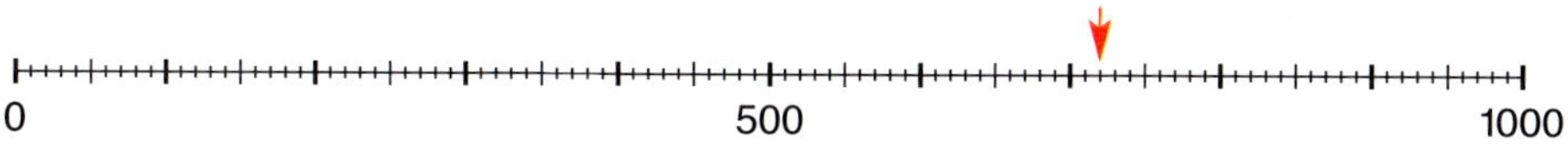

Lösung	60	150	330	350	420	550	590	640	720	800	810	970
Feld	9	10	6	8	3	1	5	4	12	11	2	7

Zahlen und Operationen

< kleiner als

= gleich

> größer als

Setze <, = oder > ein.

Nr.	Aufgabe	<	=	>
1	543 ◯ 453	11	8	12
2	468 ◯ 648	3	6	8
3	592 ◯ 259	1	9	7
4	421 ◯ 421	12	5	4
5	584 ◯ 458	10	7	1
6	963 ◯ 963	2	4	5
7	504 ◯ 450	7	3	11
8	628 ◯ 862	9	12	2
9	247 ◯ 247	5	2	10
10	563 ◯ 653	6	11	9
11	671 ◯ 716	8	1	6
12	428 ◯ 428	4	10	3

Setze die Zahlen oder Pfeile richtig ein.

So geht das:

67	→	68
103	↗	203

Nr.				
1	32	→	☐	
2	56	☐	55	
3	☐	↑	81	
4	300	☐	400	
5	269	☐	259	
6	334	☐	234	
7	309	☐	310	
8	127	☐	137	
9	8	↗	↗	☐
10	☐	→	→	300
11	254	↓	↓	☐
12	280	←	↗	☐

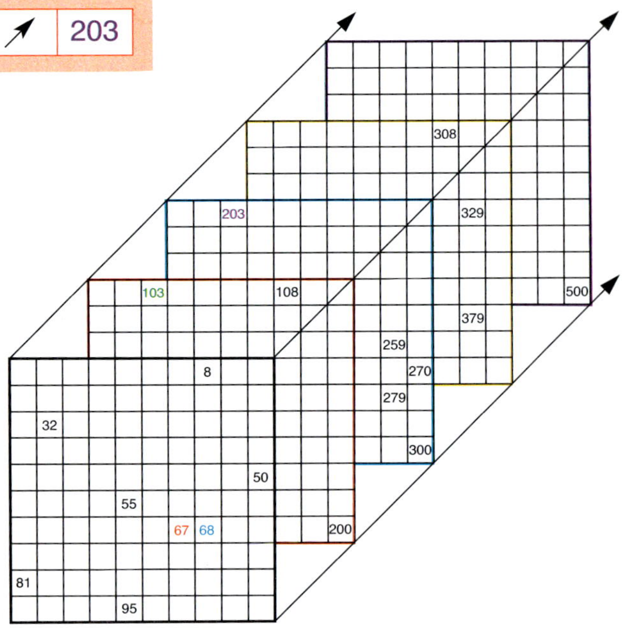

Lösung	→	←	↑	↓	↗	↙	33	91	208	274	298	379
Feld	12	1	3	7	6	2	5	9	10	4	11	8

Rechne geschickt.

Beispiele:

576 + 8, 4

So geht es einfacher:
576 + 4 + 8
= 580 + 8 = 588

793 – 8, 3

So geht es einfacher:
793 – 3 – 8
= 790 – 8 = 782

Nr.	Rechenart	Zahl	oben	unten	Ergebnis
1	+	752	9	8	
2	+	964	8	6	
3	+	866	4	5	
4	+	651	3	9	
5	–	896	8	6	
6	–	773	3	6	
7	–	957	9	7	
8	–	734	4	5	
9	+	733	40	70	
10	–	765	60	80	
11	+	853	70	50	
12	–	882	80	90	

Lösung	625	663	712	725	764	769	843	875	882	941	973	978
Feld	1	8	9	10	3	7	11	12	6	2	5	4

Rechne vorteilhaft, indem du die Reihenfolge der Zahlen veränderst.

1	210 + 320 + 80 + 190 =	7	820 – 140 – 220 – 60 =
2	370 + 240 + 130 + 160 =	8	670 – 180 – 120 – 170 =
3	350 + 180 + 50 + 120 =	9	950 – 160 – 150 – 40 =
4	268 + 169 + 122 + 21 =	10	740 – 190 – 110 – 140 =
5	317 + 205 + 133 + 95 =	11	460 – 130 – 70 – 160 =
6	133 + 125 + 145 + 67 =	12	930 – 140 – 60 – 230 =

Lösung	100	200	300	400	470	500	580	600	700	750	800	900
Feld	9	12	8	7	5	11	1	3	4	10	2	6

Ergänze die fehlenden Zahlen.

867
[1] □ 509
330 28 □ [2]

[3] □
502 427
268 234 □ [4]

969
521 □ [6]
[5] □ 335 113

902
[7] □ 349
476 77 □ [8]

[9] □
462 533
144 318 □ [10]

[12] □
361 312
[11] □ 87 225

Lösung	186	193	215	272	274	358	448	481	553	673	929	995
Feld	12	8	7	10	5	1	3	4	2	9	6	11

Ergänze.

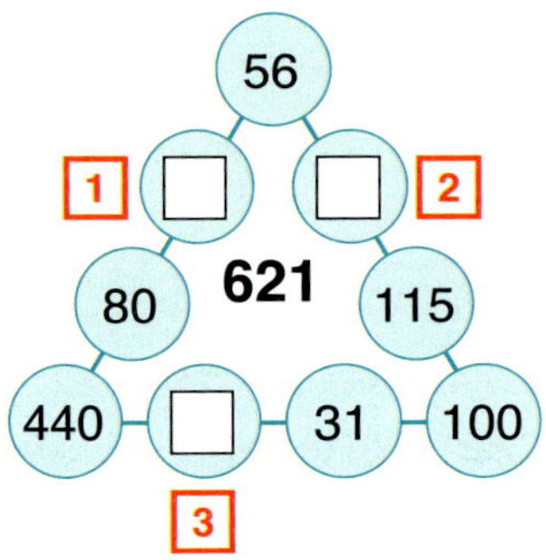

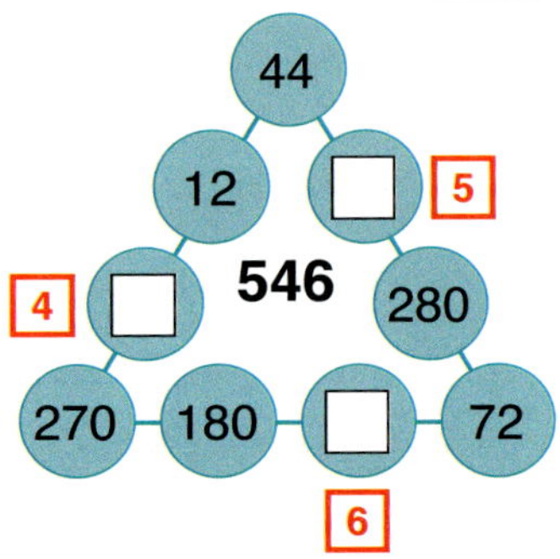

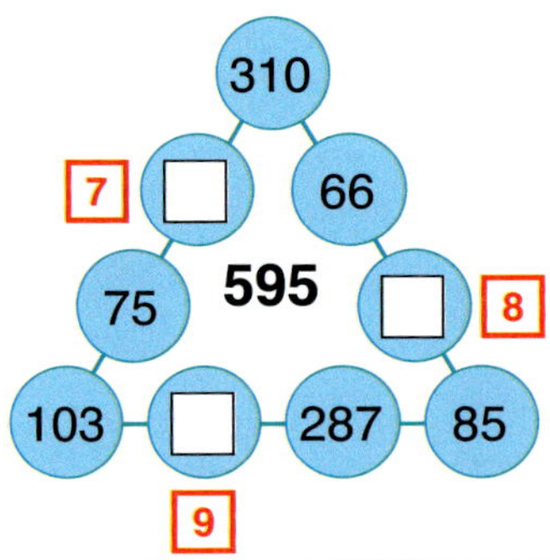

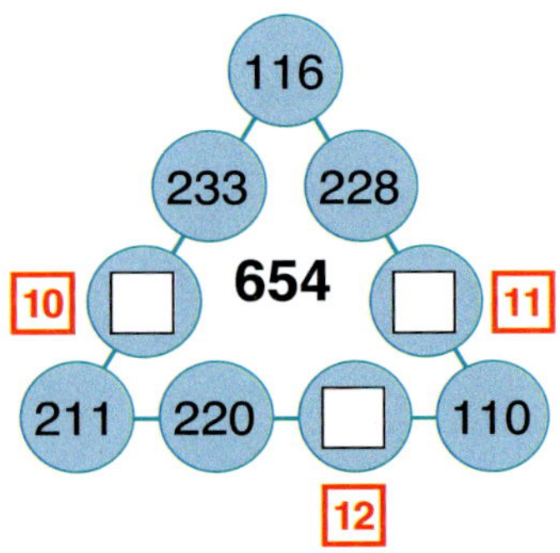

Lösung	24	45	50	94	107	113	120	134	150	200	220	350
Feld	12	7	4	1	8	6	3	11	10	9	2	5

Runden auf Zehner – gehe immer zum näher gelegenen Nachbarzehner.

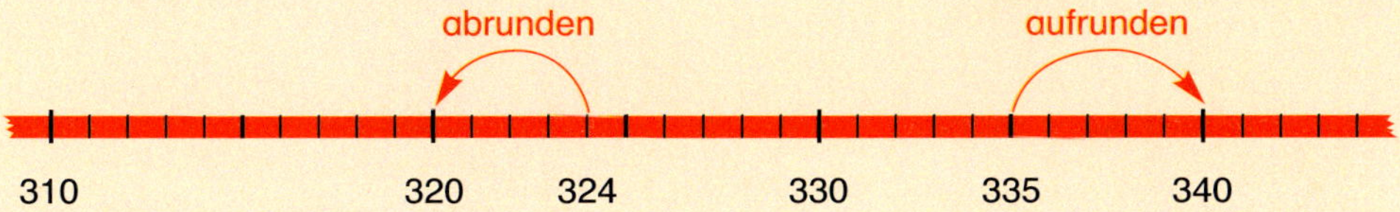

Runde auf Zehner.

1	666 ≈	5	854 ≈	9	565 ≈		
2	564 ≈	6	705 ≈	10	839 ≈		
3	743 ≈	7	582 ≈	11	663 ≈		
4	816 ≈	8	653 ≈	12	727 ≈		

Lösung	560	570	580	650	660	670	710	730	740	820	840	850
Feld	12	2	4	6	8	9	5	11	7	10	3	1

Runden auf Hunderter – gehe immer zum näher gelegenen Nachbarhunderter.

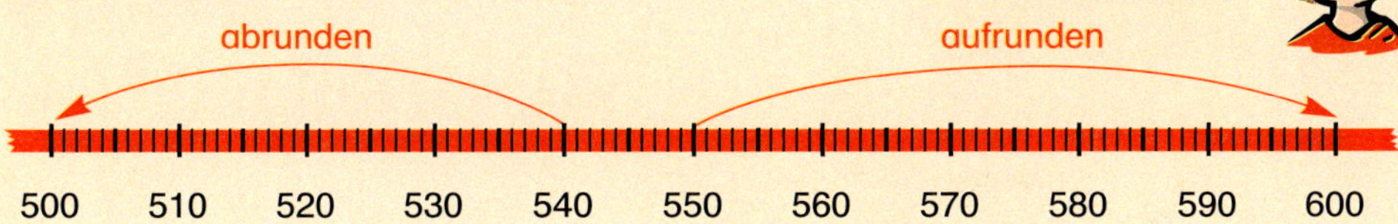

Runde auf Hunderter.

1	628 ≈	5	650 ≈	9	340 ≈
2	261 ≈	6	444 ≈	10	772 ≈
3	849 ≈	7	482 ≈	11	545 ≈
4	443 ≈	8	665 ≈	12	639 ≈

Lösung	300	300	400	400	500	500	600	600	700	700	800	800
Feld	12	3	4	7	6	1	8	10	9	5	11	2

Addieren und Subtrahieren mit Überschlag

Zahlen und Operationen

Addiere mit und ohne Überschlag.

Überschlag:
1 650 + 40

Runde die Zahlen vor dem Addieren auf Zehner.

648 + 44
1 Überschlag ☐
2 Ergebnis = ☐

576 + 52
7 Überschlag ☐
8 Ergebnis = ☐

464 + 65
3 Überschlag ☐
4 Ergebnis = ☐

504 + 67
9 Überschlag ☐
10 Ergebnis = ☐

523 + 56
5 Überschlag ☐
6 Ergebnis = ☐

589 + 64
11 Überschlag ☐
12 Ergebnis = ☐

Lösung	Feld
529	5
530	1
570	2
571	12
579	9
580	7
628	4
630	11
650	8
653	3
690	6
692	10

Subtrahiere mit und ohne Überschlag.

Überschlag:
1 800 – 300

Runde die Zahlen vor dem Subtrahieren auf Hunderter.

780 – 260
1 Überschlag ☐
2 Ergebnis = ☐

860 – 150
7 Überschlag ☐
8 Ergebnis = ☐

690 – 370
3 Überschlag ☐
4 Ergebnis = ☐

620 – 190
9 Überschlag ☐
10 Ergebnis = ☐

770 – 190
5 Überschlag ☐
6 Ergebnis = ☐

880 – 90
11 Überschlag ☐
12 Ergebnis = ☐

Lösung	Feld
300	6
320	3
400	5
430	10
500	4
520	1
580	2
600	12
700	9
710	7
790	8
800	11

Rechne aus.

1	2 · 5 · 4 = ☐	5	2 · 6 · 6 = ☐	9	16 : 4 · 7 = ☐
2	8 · 2 · 5 = ☐	6	6 · 5 : 2 = ☐	10	49 : 7 · 6 = ☐
3	3 · 4 · 3 = ☐	7	5 · 2 · 6 = ☐	11	35 : 5 · 7 = ☐
4	2 · 3 · 9 = ☐	8	10 · 9 : 2 = ☐	12	32 : 4 · 3 = ☐

Lösung	15	24	28	36	40	42	45	49	54	60	72	80
Feld	3	9	2	7	12	6	10	8	5	11	1	4

Welche Aufgabe passt zum Ergebnis?

„R" steht für Rest.

1 – 4 R 1

14 : 3	4
23 : 5	5
17 : 4	7

2 – 3 R 3

21 : 6	11
13 : 4	3
25 : 8	9

3 – 6 R 5

45 : 7	7
50 : 8	1
59 : 9	4

4 – 7 R 4

58 : 8	10
46 : 6	8
37 : 5	2

5 – 9 R 3

55 : 6	9
48 : 5	10
38 : 4	8

6 – 2 R 5

16 : 7	5
17 : 6	12
20 : 8	3

7 – 5 R 8

53 : 9	2
46 : 8	4
42 : 7	10

8 – 4 R 2

13 : 3	1
21 : 5	7
18 : 4	5

9 – 8 R 4

44 : 5	3
45 : 7	6
53 : 6	11

10 – 7 R 1

30 : 4	8
14 : 2	11
22 : 3	1

11 – 3 R 6

22 : 6	12
30 : 8	9
25 : 7	6

12 – 5 R 7

52 : 9	6
46 : 8	2
50 : 9	12

Zahlen und Operationen

Berechne und ergänze die leeren Felder.

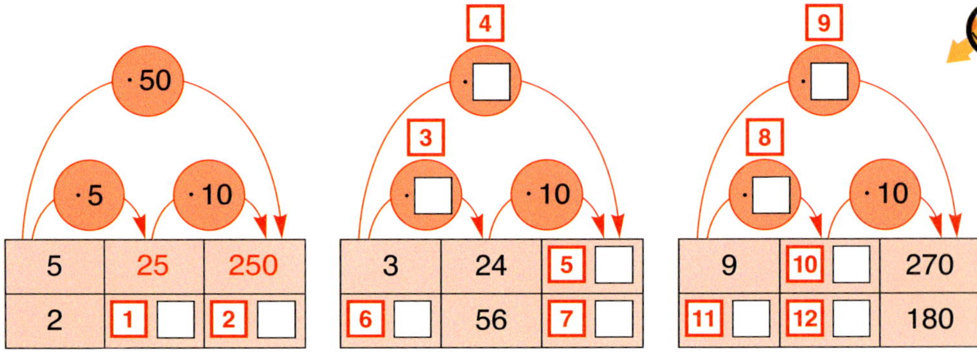

Lösung	3	6	7	8	10	18	27	30	80	100	240	560
Feld	10	7	3	8	11	9	5	1	6	4	2	12

Berechne und ergänze die leeren Felder.

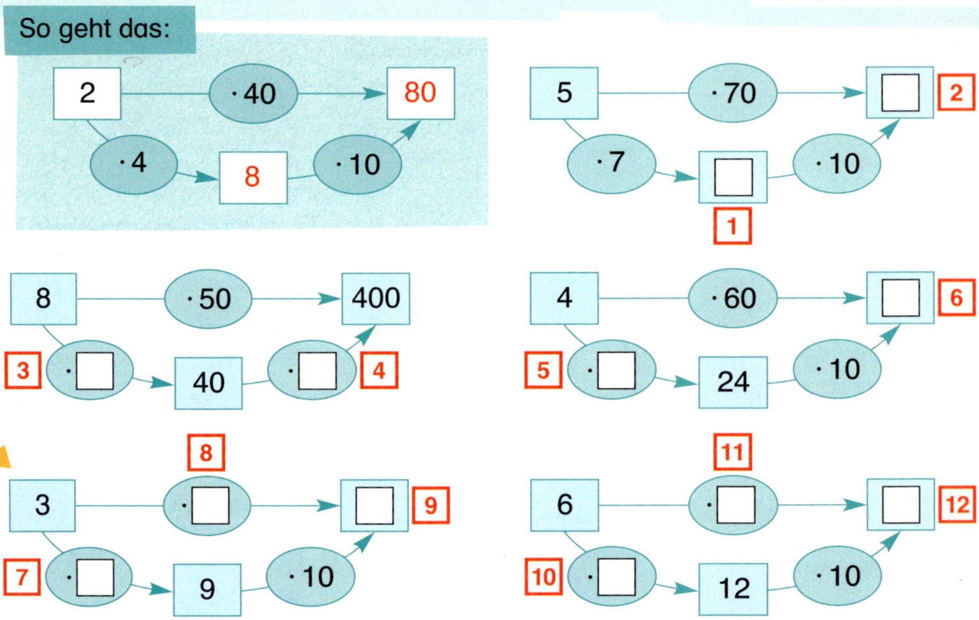

Lösung	2	3	5	6	10	20	30	35	90	120	240	350
Feld	9	10	11	5	4	12	2	3	6	7	1	8

Ergänze.

Lösung	5	6	8	11	20	40	70	80	90	200	480	600
Feld	7	5	3	9	4	1	12	10	2	11	8	6

Ergänze die richtigen Rechenzeichen.

1 360 ○ 60 ○ 70 = 420

2 9 ○ 12 ○ 5 = 540

3 600 ○ 2 ○ 30 = 10

4 560 ○ 80 ○ 15 = 105

5 60 ○ 10 ○ 50 = 12

6 4 ○ 30 ○ 6 = 720

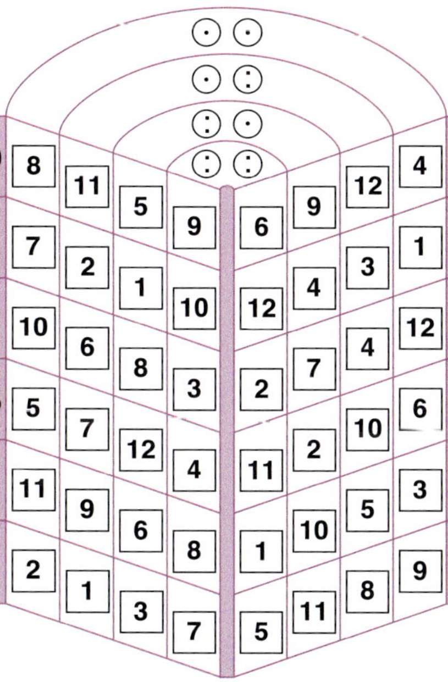

7 800 ○ 4 ○ 5 = 40

8 5 ○ 11 ○ 4 = 220

9 8 ○ 30 ○ 40 = 6

10 500 ○ 50 ○ 2 = 5

11 640 ○ 80 ○ 30 = 240

12 4 ○ 70 ○ 2 = 140

Zahlen und Operationen

Rechne aus.

So geht das:

Berechne mit einem Zwischenschritt.

1 5 · 105 + 85 : 5 = 525 + 17 = ☐

Merke:
Erst Punktrechnung
dann Strichrechnun

1 5 · 105 + 85 : 5 = ☐	7 6 · 25 + 9 · 61 = ☐
2 150 · 5 – 3 · 7 = ☐	8 6 · 125 – 108 : 9 = ☐
3 300 : 6 + 8 · 103 = ☐	9 96 : 8 + 8 · 92 = ☐
4 109 · 4 – 5 · 12 = ☐	10 3 · 250 – 4 · 76 = ☐
5 550 : 5 + 3 · 123 = ☐	11 350 : 2 + 5 · 66 = ☐
6 4 · 175 – 8 · 13 = ☐	12 3 · 250 – 416 : 4 = ☐

Lösung	376	446	479	505	542	596	646	699	729	738	748	874
Feld	3	10	1	8	4	5	11	9	12	6	2	7

Rechne geschickt.

So geht das:

1 4 · 63 + 63 = 5 · 63 = ☐

1 4 · 63 + 63 = ☐	5 9 · 27 + 27 = ☐	9 6 · 134 – 134 = ☐
2 119 · 6 – 119 = ☐	6 35 · 5 · 4 = ☐	10 227 + 166 + 73 = ☐
3 49 · 2 · 5 = ☐	7 53 + 9 · 53 = ☐	11 41 · 9 + 41 = ☐
4 383 + 135 – 83 = ☐	8 960 : 2 : 3 = ☐	12 23 · 5 · 6 = ☐

Lösung	160	270	315	410	435	466	490	530	595	670	690	700
Feld	5	2	3	1	4	9	8	10	11	7	6	12

Wie heißen die gesuchten Zahlen?

1 Wenn ich meine Zahl durch 3 dividiere, erhalte ich das Gleiche wie 150 minus 30.

2 Ich addiere zu meiner Zahl 180 und verdoppele das Ergebnis. Dann erhalte ich 550.

3 Meine Zahl mit 15 multipliziert ist genau so groß wie 5 mal 120.

4 Ich bilde die Summe aus 235 und 270 und dividiere das Ergebnis durch 5.

5 Wenn ich zu meiner Zahl 230 addiere, erhalte ich 540.

6 Meine Zahl mit 5 multipliziert ist genau so groß wie die Summe aus 525 und 125.

7 Ich nehme das Doppelte von 355 und subtrahiere 465.

8 Wenn ich meine Zahl halbiere, erhalte ich das Ergebnis von 780 – 560.

9 Meine Zahl durch 3 dividiert ergibt das Fünffache von 66.

10 Wenn ich meine Zahl vervierfache und vom Ergebnis 40 subtrahiere, erhalte ich 336.

11 Wenn ich zu meiner Zahl 145 addiere, ist das Ergebnis das Doppelte von 185.

12 Ich subtrahiere von meiner Zahl 140 und erhalte dann die Hälfte von 360.

Lösung	40	94	95	101	130	225	245	310	320	360	440	990
Feld	1	12	4	5	3	8	11	7	9	6	10	2

Ist das eine Spiegelachse, ja ☺ oder nein ☹?

1

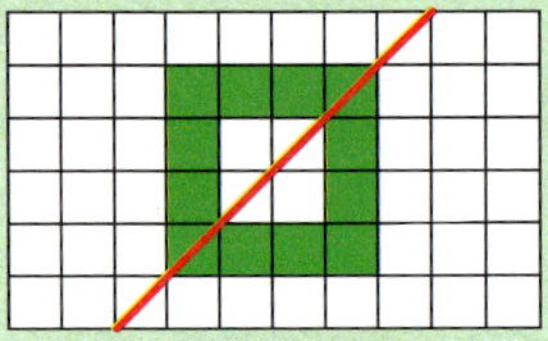

☺ 9 | ☹ 10

2

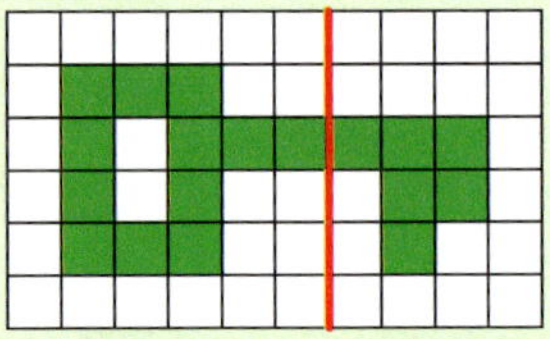

☺ 11 | ☹ 2

3

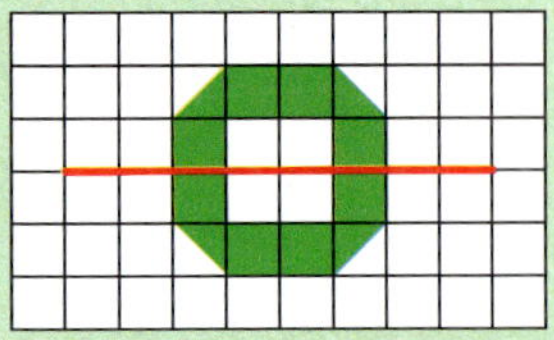

☺ 5 | ☹ 7

4

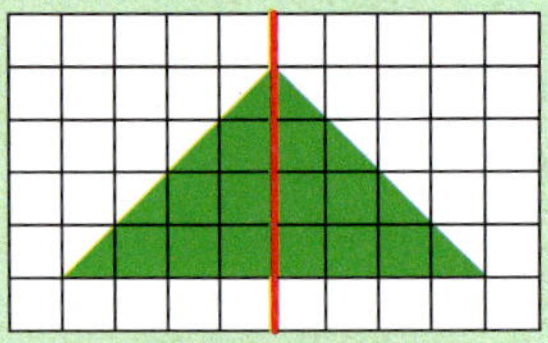

☺ 10 | ☹ 4

5

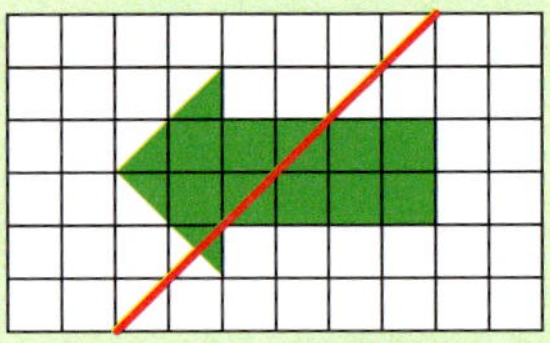

☺ 8 | ☹ 11

6

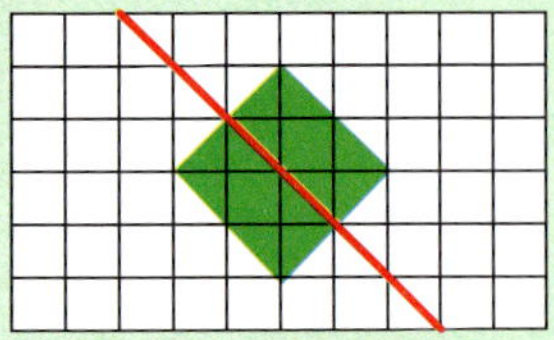

☺ 7 | ☹ 12

7

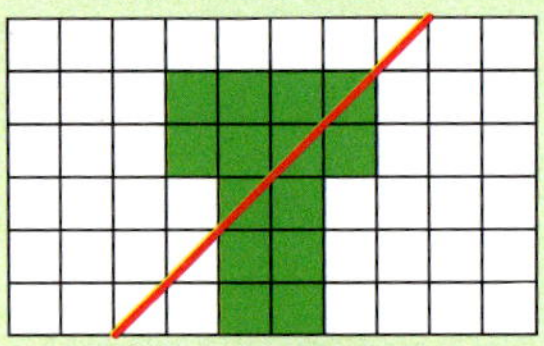

☺ 3 | ☹ 4

8

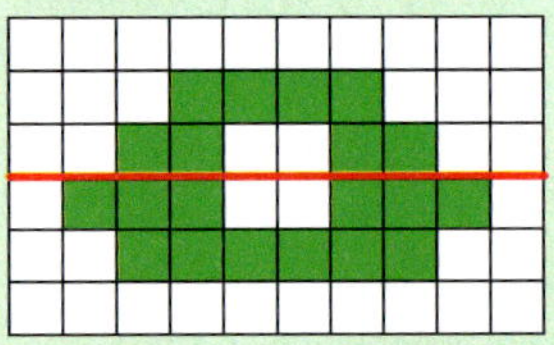

☺ 6 | ☹ 8

9

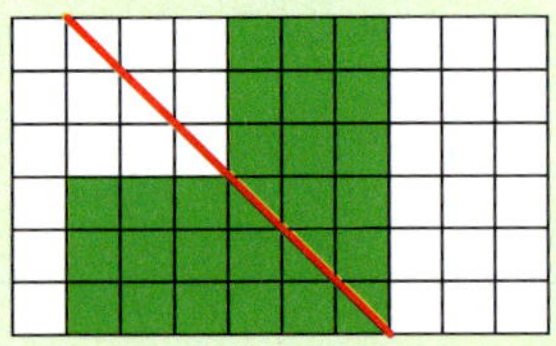

☺ 12 | ☹ 1

10

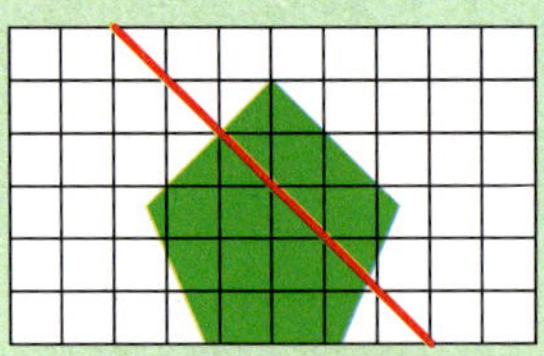

☺ 9 | ☹ 3

11

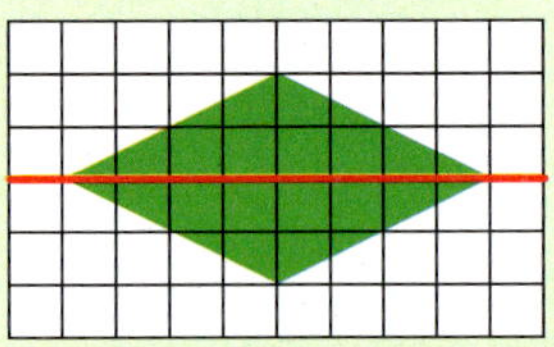

☺ 6 | ☹ 2

12

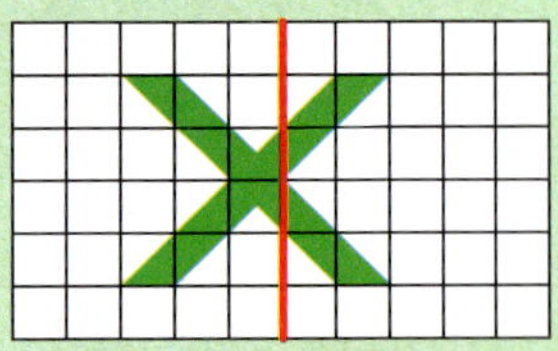

☺ 5 | ☹ 1

Suche das Spiegelbild.

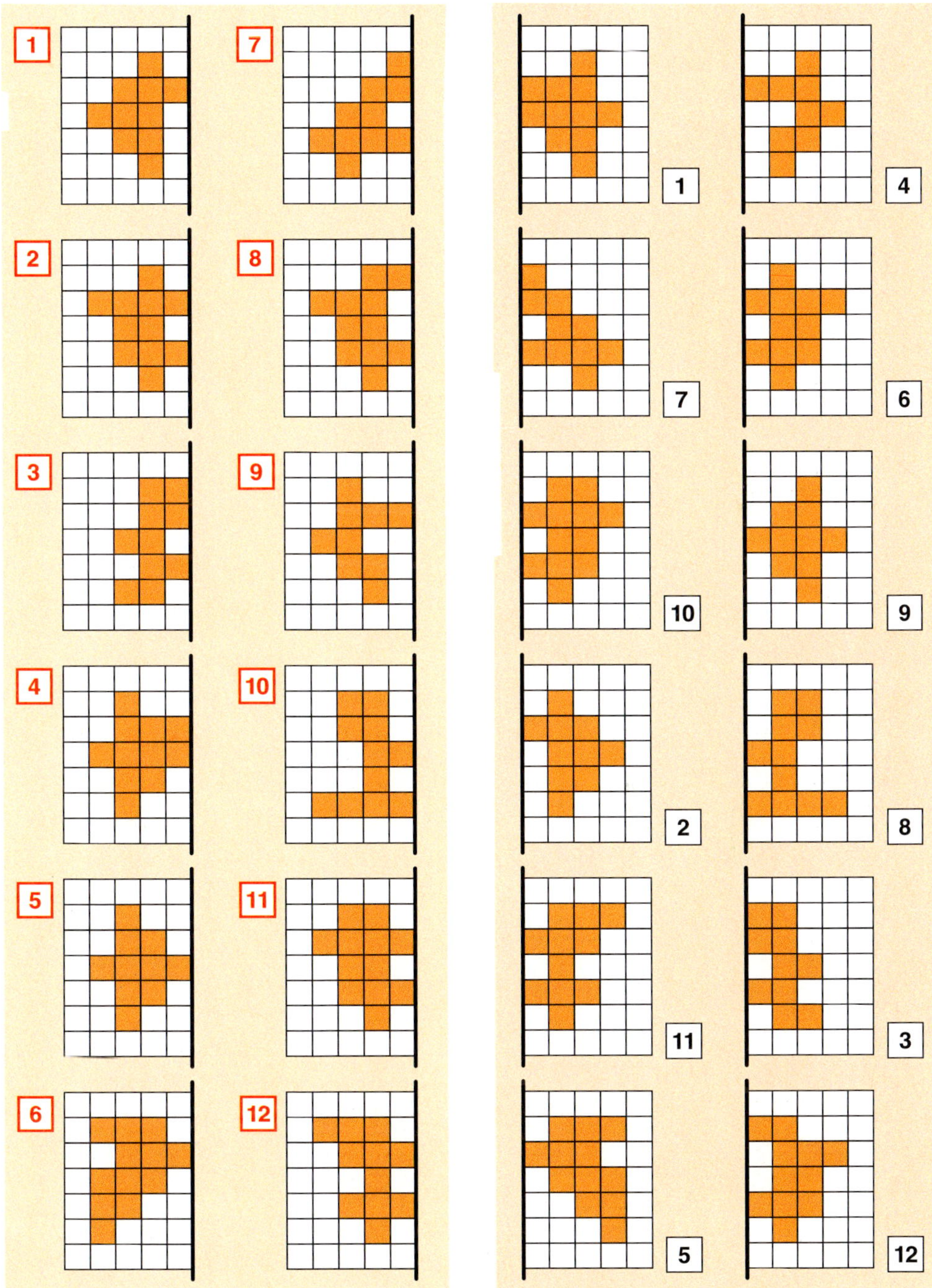

In welche Lücke passt diese Figur?

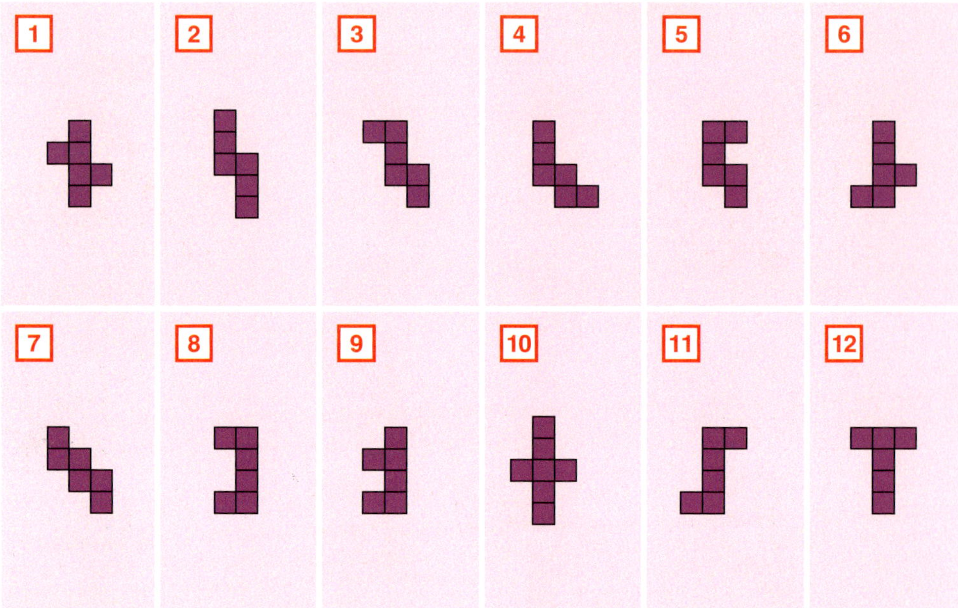

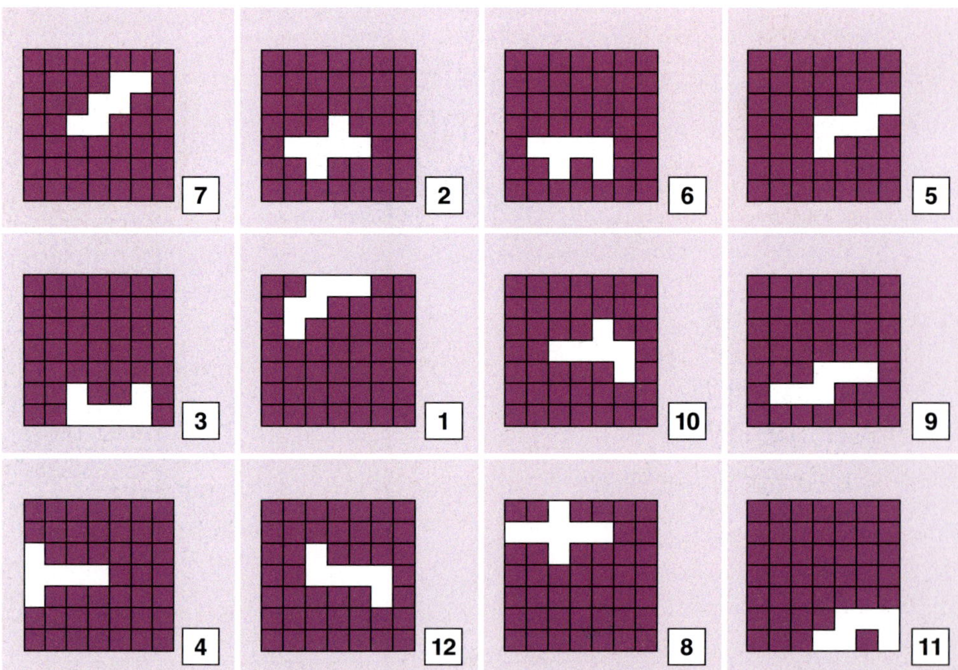

Wie viele Würfel sind das?
Achte auf die Farben.

1

2

3

4

5

6

7

8

9

10

11

12

Lösung	17	17	18	18	19	19	20	20	21	21	22	22
Feld	3	1	9	11	10	12	4	7	6	2	5	8

Würfelnetze

Raum und Form

Kannst du daraus einen Würfel basteln, ja ☺ oder nein ☹ ?

1

☺ 6 ☹ 5

2

☺ 7 ☹ 9

3

☺ 1 ☹ 10

4

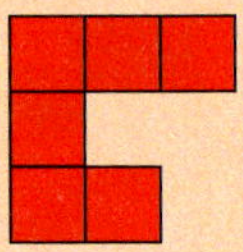

☺ 11 ☹ 5

5

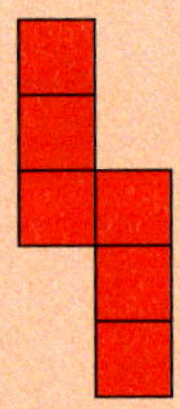

☺ 7 ☹ 3

6

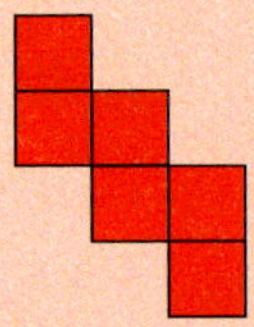

☺ 10 ☹ 2

7

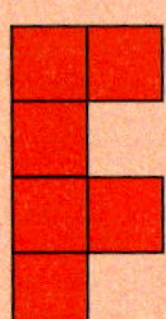

☺ 12 ☹ 11

8

☺ 3 ☹ 8

9

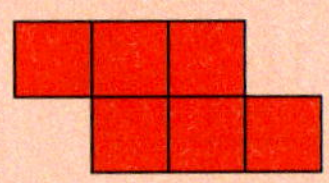

☺ 4 ☹ 2

10

☺ 12 ☹ 6

11

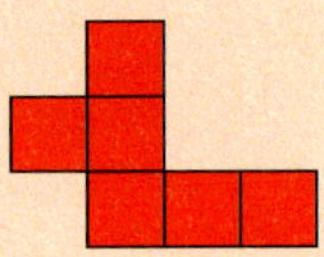

☺ 9 ☹ 8

12

☺ 4 ☹ 1

Bei welchem Buchstaben kommst du an?

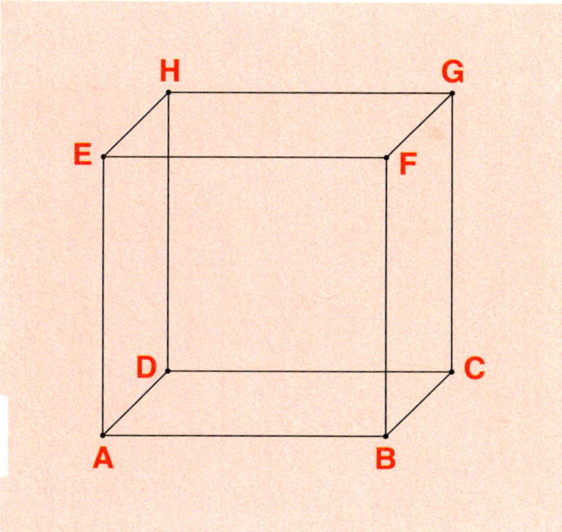

	Start		Ziel
1	A	→ ↗ ← ↑	
2	G	↓ ↙ ↑ ←	
3	E	↗ ↓ → ↑	
4	D	→ ↑ ↙ ↓	
5	B	↑ ← ↗ ↓	
6	C	← ↑ → ↙	

Lösung	B	D	E	F	G	H
Feld	11	3	8	7	9	12

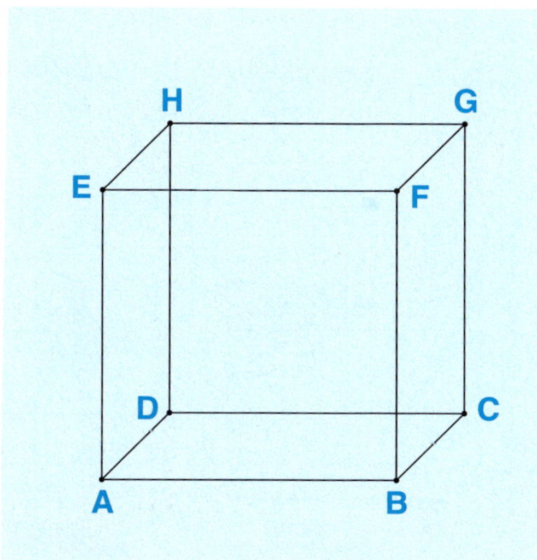

	Start		Ziel
7	A	→ ↑ ← ↗ ↓	
8	C	↑ ↙ ↓ ← ↑	
9	F	← ↗ → ↓ ↙	
10	E	→ ↓ ↗ ↑ ←	
11	G	↙ ← ↗ ↓ ↙	
12	D	↙ → ↗ ↑ ↙	

Lösung	A	B	D	E	F	H
Feld	4	10	5	2	1	6

Raum und Form

Vergleiche die Flächen.

1

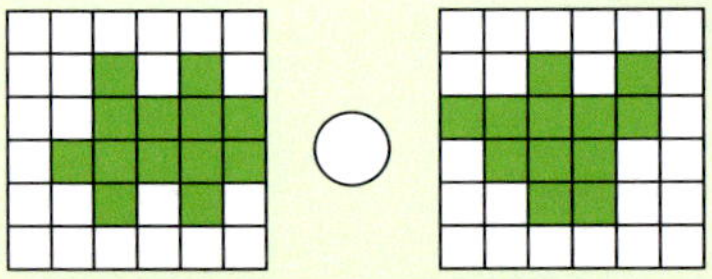

< 10 = 5 > 8

2

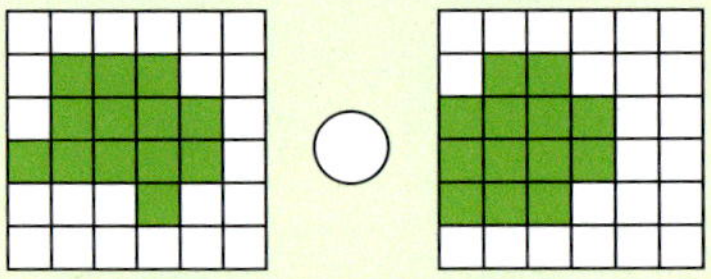

< 7 = 12 > 1

3

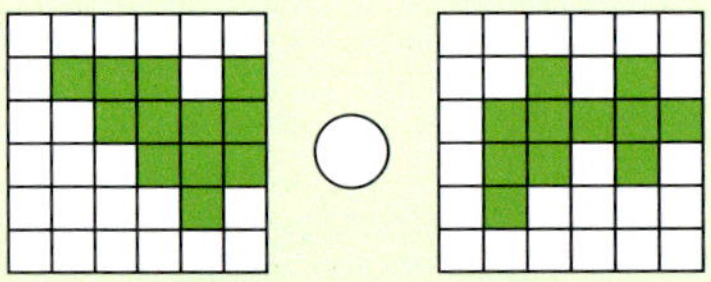

< 9 = 3 > 10

4

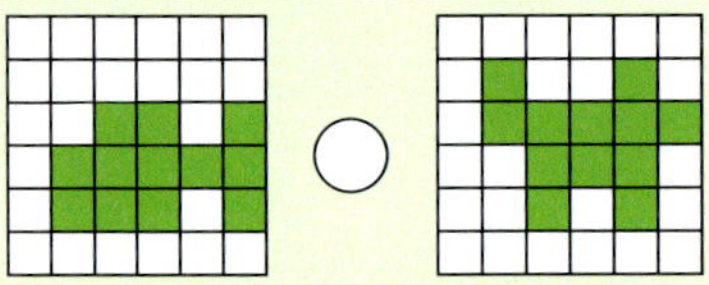

< 1 = 7 > 6

5

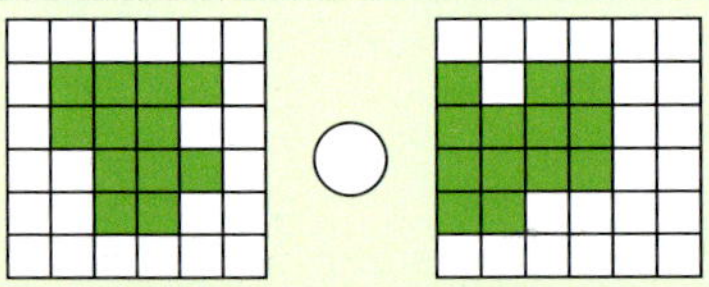

< 4 = 11 > 2

6

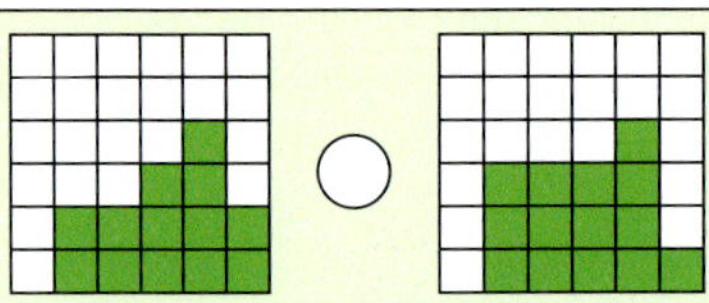

< 11 = 8 > 9

7

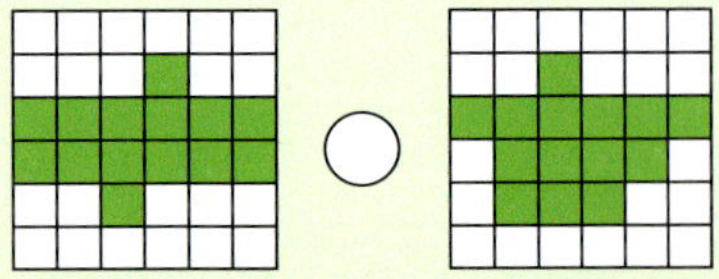

< 5 = 1 > 7

8

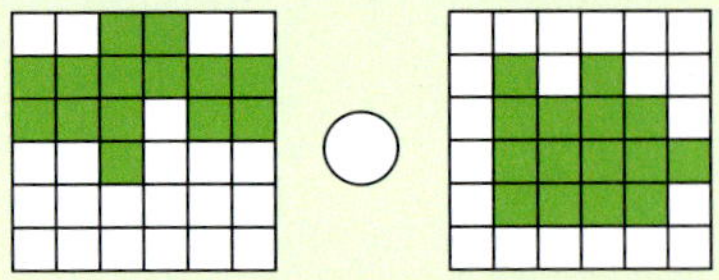

< 6 = 2 > 12

9

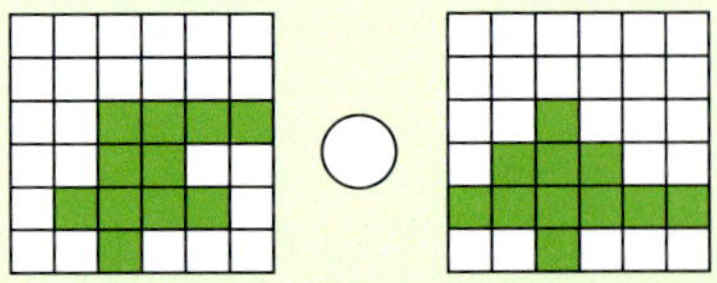

< 3 = 9 > 4

10

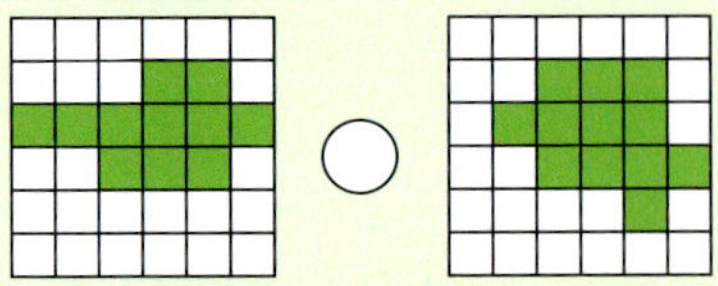

< 2 = 6 > 11

11

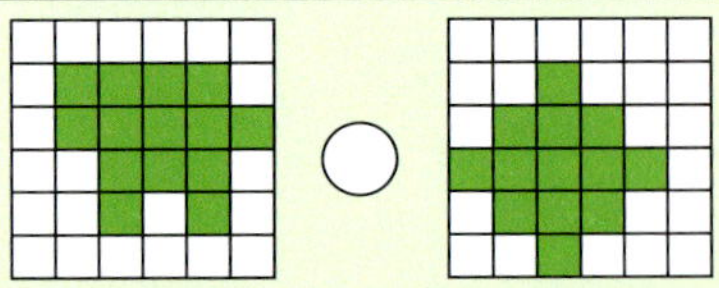

< 8 = 4 > 3

12

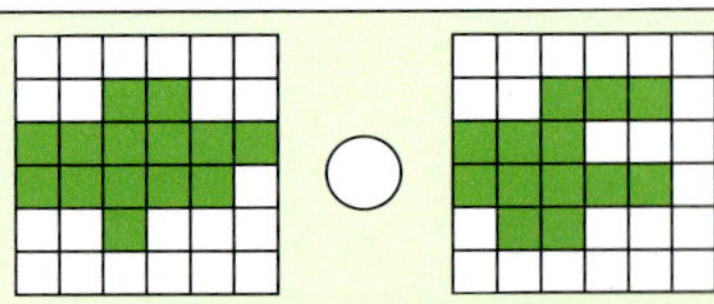

< 12 = 10 > 5

Ergänze das rote Feld.

Wenn du in alle Richtungen addierst, erhältst du immer das gleiche Ergebnis.

↕ ↔ ⤡ ⤢

1

280		■
120		
140	320	80

2

		280
430	250	70
	■	400

3

240	30	
90	150	
	■	60

4

200	110	
130	160	
■		120

5

150	■	190
	140	
90		130

6

250		■
	190	230
	270	130

7

■		220
		200
260	160	300

8

240	380	■
340	300	
		360

9

190		■
	280	220
	160	370

10

90		■
140		
130	80	150

11

420		360
	■	
300	450	240

12

290		
■	230	270
	310	170

Lösung	80	110	130	150	180	190	210	220	250	270	280	330
Feld	7	9	6	4	10	11	5	3	2	1	12	8

Muster und Strukturen

Suche die passende Aufgabe.

1
- 120 + 370 = □
- 130 + 380 = □
- □
- 150 + 400 = □

2
- 400 + 200 = □
- □
- 480 + 180 = □
- 520 + 170 = □

3
- □
- 390 + 370 = □
- 370 + 390 = □
- 350 + 410 = □

4
- 850 + 100 = □
- 750 + 150 = □
- □
- 550 + 250 = □

5
- □
- 340 + 290 = □
- 330 + 370 = □
- 320 + 450 = □

6
- 150 + 120 = □
- 180 + 130 = □
- 210 + 140 = □
- □

7
- 100 + 410 = □
- 190 + □ = 580
- □
- 370 + 350 = □

8
- □
- 560 + 200 = □
- □ + 150 = 740
- 620 + □ = 720

9
- □ + 110 = 270
- 140 + 110 = □
- 120 + □ = 230
- □

10
- □ + 230 = 640
- 480 + 250 = □
- 550 + 270 = □
- □

11
- 730 + 120 = □
- 620 + □ = 800
- □
- 400 + 300 = □

12
- 190 + □ = 660
- 250 + 520 = □
- □ + 570 = 880
- □

Lösung	Feld
□ + 110 = 210	9
140 + 390 = □	7
240 + 150 = □	12
□ + 370 = 650	8

Lösung	Feld
350 + 210 = □	4
370 + □ = 990	6
410 + 350 = □	10
440 + 190 = □	5

Lösung	Feld
□ + 240 = 750	3
530 + □ = 780	11
620 + □ = 910	1
650 + 200 = □	2

Welches Stück fehlt in dem Muster?

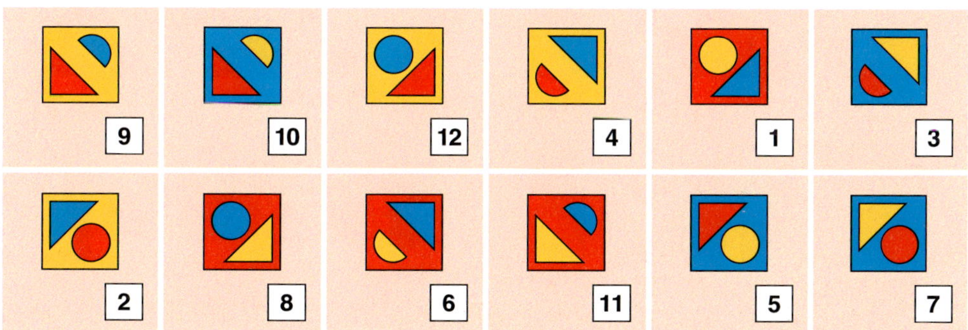

Noch mehr geometrische Muster

Muster und Strukturen

Wie geht das Muster weiter?

1

2

3

4

5

6

7

8

9

10

11

12

Lösung

Feld	11	10	2	7	12	4	8	6	9	5	1	3

Suche die nächste Zahl und die passende Regel.

1 720, 745, 770, 795, ☐

2 Regel: **Immer** ◯ .

3 890, 860, 830, 800, ☐

4 Regel: **Immer** ◯ .

5 670, 705, 740, 775, ☐

6 Regel: **Immer** ◯ .

7 810, 825, 800, 815, ☐

8 Regel: **Immer** ◯ ◯ .

9 805, 830, 790, 815, ☐

10 Regel: **Immer** ◯ ◯ .

11 785, 765, 800, 780, ☐

12 Regel: **Immer** ◯ ◯ .

Lösung	Feld
770	6
775	5
790	4
810	12
815	11
820	9

Lösung	Feld
+25	1
+35	2
−30	10

Lösung	Feld
+15 −25	7
+25 −40	3
−20 +35	8

Wie viel Geld war insgesamt in den Automaten?

		2 €	1 €	50 ct	Betrag
1	Automat 1	30	6	10	☐ €
2	Automat 2	80	15	28	☐ €
3	Automat 3	15	5	12	☐ €
4	Automat 4	23	9	4	☐ €
5	Automat 5	50	27	6	☐ €
6	Automat 6	12	43	30	☐ €

		1 €	50 ct	20 ct	Betrag
7	Automat 7	10	40	30	☐ €
8	Automat 8	70	6	10	☐ €
9	Automat 9	15	20	25	☐ €
10	Automat 10	19	80	5	☐ €
11	Automat 11	50	34	60	☐ €
12	Automat 12	65	4	15	☐ €

Lösung	30	36	41	57	60	70	71	75	79	82	130	189
Feld	6	7	11	1	2	10	8	9	12	4	5	3

Berechne.

1 97,40 € + 65 € + 60 ct = ☐ €	7 40,16 € + 85,50 € + 34 ct = ☐ €
2 61 € + 90,00 € + 50 ct = ☐ €	8 102 € + 53 ct + 42,37 € = ☐ €
3 205 € + 14,50 € + 70 ct = ☐ €	9 70,52 € + 85 € + 23 ct = ☐ €
4 68 € + 70 ct + 40,30 € = ☐ €	10 146 € + 90 ct + 24,10 € = ☐ €
5 77,05 € + 54 € + 45 ct = ☐ €	11 88 € + 69,00 € + 90 ct = ☐ €
6 150,25 € + 75 ct + 33 € = ☐ €	12 120,50 € + 80 ct + 21,50 € = ☐ €

Lösung	109,00	126,00	131,50	142,80	144,90	151,50
Feld	3	9	5	1	2	8
Lösung	155,75	157,90	163,00	171,00	184,00	220,20
Feld	12	6	4	10	7	11

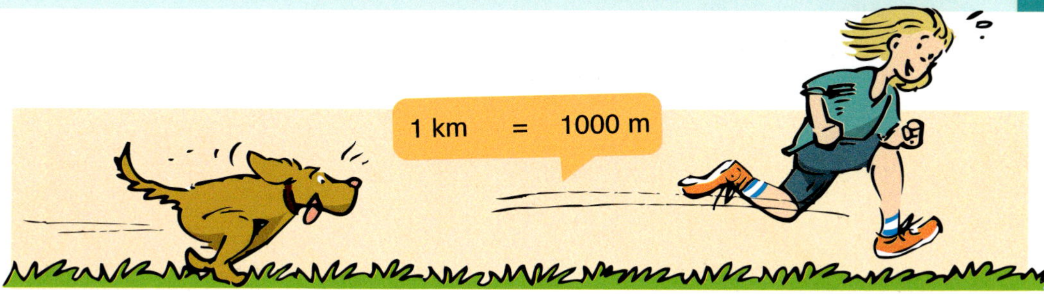

Ergänze.

1 km

1	640 m + ☐ m
2	☐ m + 735 m
3	460 m + ☐ m
4	☐ m + 555 m

1 km

5	☐ m + 765 m
6	425 m + ☐ m
7	☐ m + 670 m
8	580 m + ☐ m

500 m

9	295 m + ☐ m
10	☐ m + 180 m
11	245 m + ☐ m
12	☐ m + 165 m

Lösung	205	235	255	265	320	330	335	360	420	445	540	575
Feld	5	6	11	10	1	8	3	7	4	2	12	9

Wandle in die angegebene Einheit um.

1	4 m 60 cm = ☐ cm
2	60 cm = ☐ mm
3	40 cm 5 mm = ☐ mm
4	5 m 4 cm = ☐ cm
5	4 m 56 cm = ☐ cm
6	5 m 46 cm = ☐ cm

7	40 cm = ☐ mm
8	6 m 40 cm = ☐ cm
9	5 m 40 cm = ☐ cm
10	4 m 50 cm = ☐ cm
11	50 cm 64 mm = ☐ mm
12	50 cm = ☐ mm

Lösung	400	405	450	456	460	500	504	540	546	564	600	640
Feld	4	2	3	8	9	12	10	1	6	7	5	11

Wie viel g wiegen die Waren?

Lösung	100	170	180	250	300	320	450	540	600	750	800	1000
Feld	5	4	2	8	11	1	10	3	12	9	6	7

1 Jahr (J.)	=	12 Monate (Mon.)
1 Woche (W.)	=	7 Tage (Tg.)
1 Tag (Tg.)	=	24 Stunden (h)
1 Stunde (h)	=	60 Minuten (min)
1 Minute (min)	=	60 Sekunden (s)

< kleiner als

= gleich

> größer als

Vergleiche.

Nr.	Aufgabe	<	=	>
1	460 s ◯ 459 s	5	12	10
2	202 min ◯ 212 min	1	5	11
3	5 min 3 s ◯ 303 s	3	6	9
4	11 min 7 s ◯ 10 min 69 s	9	1	3
5	1 h 3 min ◯ 58 min	10	4	12
6	49 min 12 s ◯ 48 min 72 s	12	2	7
7	5 W. ◯ 35 Tg.	11	3	6
8	4 Tg. 4 h ◯ 108 h	7	9	2
9	4 W. 6 Tg. ◯ 33 Tg.	6	8	5
10	2 h 65 min ◯ 3 h 3 min	2	7	4
11	7200 s ◯ 2 h	4	11	8
12	1 Tg. ◯ 1500 min	8	10	1

Wandle in die angegebene Einheit um.

1 4 h = ☐ min	5 3 Tg. 19 h = ☐ h	9 7 W. = ☐ Tg.
2 5 min 7 s = ☐ s	6 48 h = ☐ Tg.	10 72 Mon. = ☐ J.
3 6 Tg. = ☐ h	7 $5\frac{1}{2}$ min = ☐ s	11 210 Tg. = ☐ W.
4 2 h 18 min = ☐ min	8 660 s = ☐ min	12 70 Tg. = ☐ W.

Lösung	2	6	10	11	30	49	91	138	144	240	307	330
Feld	9	11	3	4	1	7	8	12	2	5	10	6

Daten, Häufigkeit und Wahrscheinlichkeit

Wie viel müssen diese Personen bezahlen?

Eintrittspreise Erlebnispark „Spiel und Sport"

	Kinder (ab 5 Jahren)	**Erwachsene** (ab 15 Jahren)	**Senioren** (ab 65 Jahren)
Tageskarte	8 €	12 €	10 €
5er-Ticket	30 €	50 €	40 €
Jahreskarte	60 €	100 €	80 €

1 Frau Peper (67 Jahre) und ihre 4 Enkelkinder (3, 5, 9 und 15 Jahre) wollen einen Tag im Park verbringen.

2 Herr Brockmüller und seine Frau (beide 51 Jahre) gehen mit ihrer Tochter (24 Jahre) am Samstag in den Park.

3 Lars (11 Jahre) und Laura (10 Jahre) kaufen sich jeder ein 5er-Ticket.

4 Pamela (12 Jahre) kauft für sich eine Jahreskarte und für die Mutter (35 Jahre) ein 5er-Ticket.

5 Victor (10 Jahre) und seine beiden älteren Schwestern (14 und 18 Jahre) besuchen für einen Tag den Park.

6 Jenny (10 Jahre) kauft für sich und ihre kleinen Geschwister (5 und 6 Jahre) ein 5er-Ticket.

7 Bob (15 Jahre) kauft für sich und seinen Bruder (13 Jahre) eine Jahreskarte.

8 Herr Landau (40 Jahre) kauft für seine 3 Kinder (8, 12 und 16 Jahre) und für sich eine Tageskarte.

9 Vera (15 Jahre), ihre Schwester Pia (10 Jahre) und ihre Mutter (36 Jahre) besuchen am Mittwoch den Park.

10 Boris (15 Jahre) und seine Großeltern (66 und 62 Jahre) gehen am Sonntag in den Park.

11 Frau Schulze (70 Jahre) und Frau Küster (64 Jahre) kaufen sich jeder eine Jahreskarte.

12 Mirko (9 Jahre) und seine Oma (63 Jahre) kaufen sich jeder ein 5er-Ticket.

Lösung	28€	32€	34€	36€	38€	40€	60€	80€	90€	110€	160€	180€
Feld	2	7	4	11	10	5	8	6	12	9	3	1

Ermittle die Besucherzahlen mit Hilfe des Diagramms.

Wildpark „Lüne" (Besucherzahlen 2008)

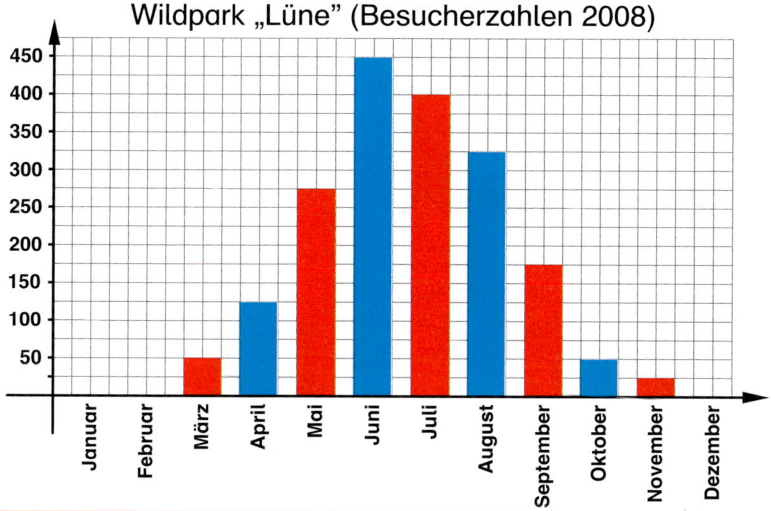

1 Wie viele Besucher waren es im März im Wildpark?

2 Wie viele Personen haben im September den Wildpark „Lüne" besucht?

3 Wie viele Besucher waren es im Mai im Wildpark?

4 Wie viele Besucher waren in den ersten 5 Monaten des Jahres im Wildpark?

5 Wie viele Besucher waren es in den Monaten Juni und Juli im Wildpark „Lüne"?

6 Wie viele Personen waren im September mehr als im Oktober im Wildpark zu Besuch?

7 Wie viele Besucher waren es im April weniger als im Mai?

8 Wie viele Besucher waren insgesamt vom August bis Dezember im Wildpark „Lüne"?

9 Wie viele Besucher waren es im Juni mehr als im April im Wildpark?

10 Wie viele Besucher waren es im Januar weniger als im Juli?

11 Wie viele Besucher waren es im September weniger als im Mai?

12 Wie viele Personen haben den Wildpark in den Monaten Februar bis Juni besucht?

Lösung	50	100	125	150	175	275	325	400	450	575	850	900
Feld	7	11	4	8	3	12	5	1	2	9	6	10

In welches Feld gehören diese Becher?